DÉBUT D'UNE SÉRIE DE DOCUMENTS
EN COULEUR

Congrès de 1908

A l'École des Hautes Études commerciales,
108, boulevard Malesherbes, Paris

RÉALITÉ & POSSIBILITÉS MAROCAINES

CONFÉRENCE

donnée le vendredi 5 juin 1908, au siège du Congrès

PAR

M. le marquis de SEGONZAC

SOUS LA PRÉSIDENCE DE

M. PAUL DESCHANEL

de l'Académie Française

Député,

Président de la Commission parlementaire des Affaires Extérieures et Coloniales

PARIS

AU SECRÉTARIAT GÉNÉRAL DU COMITÉ DES CONGRÈS COLONIAUX FRANÇAIS
18 RUE LE PELETIER (IXᵉ)

1908

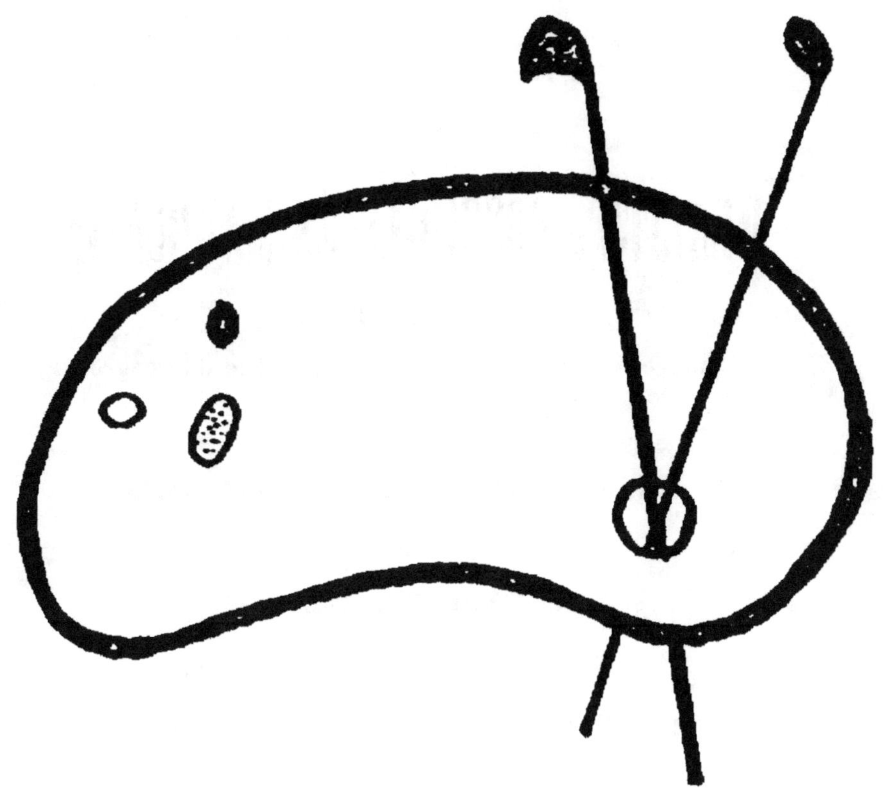

FIN D'UNE SERIE DE DOCUMENTS
EN COULEUR

Congrès de 1908

A l'École des Hautes Études commerciales,
108, boulevard Malesherbes, Paris

RÉALITÉ & POSSIBILITÉS MAROCAINES

CONFÉRENCE

donnée le vendredi 5 juin 1908, au siège du Congrès

PAR

M. le marquis de SEGONZAC

SOUS LA PRÉSIDENCE DE

M. PAUL DESCHANEL

de l'Académie Française

Député,

Président de la Commission parlementaire des Affaires Extérieures et Coloniales

PARIS

AU SECRÉTARIAT GÉNÉRAL DU COMITÉ DES CONGRÈS COLONIAUX FRANÇAIS
18, RUE LE PELETIER (IXe)

1908

RÉALITÉ & POSSIBILITÉS MAROCAINES

La séance est ouverte à 9 heures du soir sous la présidence de M. Paul Deschanel.

Allocution de M. Paul DESCHANEL

MESDAMES,
MES CHERS CONCITOYENS,

C'est avec une bien vive satisfaction que je me retrouve à cette place, où vous m'avez fait, l'année dernière, un accueil dont je n'ai pas perdu le souvenir. Je remercie mon cher collègue et ami M. François Deloncle et M. de Pouvourville de l'honneur qu'ils ont bien voulu me faire en m'appelant à présider une fois de plus une de vos réunions. Ce qui accroît mon plaisir, c'est de penser que je vais entendre avec vous la parole précise et élégante de M. de Segonzac et de l'entendre surtout sur cette question du Maroc, qui passionne à cette heure la France et le monde entier.

M. de Segonzac est un des quatre ou cinq hommes qui, en France, à cette heure, connaissent le mieux l'empire chérifien. La question marocaine est une en un certain sens, en ce sens que l'Islam est un, qu'un même courant moral et religieux le traverse tout entier. On peut dire aussi que le problème marocain est un, en ce sens qu'il ne suffit pas de le considérer, soit du côté algérien, soit du côté de l'Atlantique. Souvent, les militaires ont une tendance à considérer la question marocaine seulement du côté de la frontière ; souvent aussi, les diplomates ont une tendance à la considérer du côté africain. Je crois que c'est de part et d'autre une vue incomplète, qu'il faut envisager le problème tout entier, sous peine de ne pas le comprendre ; qu'il faut, — passez-moi le mot — en tenir tous les bouts.

Eh bien, M. de Segonzac va vous en expliquer la complexité, si je puis dire, dans l'unité, et nul n'est plus capable de le faire que lui. Je ne veux pas retarder le plaisir que vous aurez à l'applaudir; mais, avant de lui donner la parole, vous me permettrez d'être votre interprète à tous en remerciant et félicitant M. Deloncle, M. de Pouvourville et leurs vaillants collaborateurs de l'œuvre qu'ils ont entreprise et qui, chaque jour, fait des immenses progrès. Ils ont rendu à la cause coloniale un service signalé, et votre présence ce soir, en si grand nombre, prouve à quel point l'œuvre qu'ils ont accomplie répondait à un besoin social et patriotique.

CONFÉRENCE

DE

M. le Marquis de SEGONZAC

Les organisateurs de ce congrès ont pensé que vous connaissiez parfaitement le côté extérieur de cette question marocaine que tous les journaux du monde exposent et discutent chaque jour. Le choix qu'ils ont fait d'un simple voyageur pour vous entretenir des affaires marocaines atteste leur souci de vous en faire voir la face interne, et de vous procurer aussi une vision intérieure de ce pays si mal connu.

Si vous le voulez bien nous ferons de cette conférence deux parts : l'une abstraite, où je m'efforcerai de vous exposer les possibilités de réorganisation que ce pays comporte ; l'autre concrète, dans laquelle je vous promènerai, à l'aide de projections photographiques, dans les régions mystérieuses de l'Atlas Central, du Tafilet, du Sahara marocain, et dans le camp de Moulay-Hafid.

Nous écarterons de cette causerie l'irritant problème international qui préoccupe si gravement les diplomaties de Paris, de Madrid et de Berlin, en nous bornant seulement à formuler le vœu qu'une équitable solution apaise bientôt ce débat, que on nous accorde d'abord la confiance et la liberté d'action sans laquelle nous ne saurions exécuter le mandat que l'Europe nous a donné à Algésiras, et ensuite la juste compensation de nos efforts et de nos sacrifices.

Nous éluderons aussi ces discussions byzantines et spéculatives au sujet de notre action politique et militaire pour savoir si la France eût mieux fait de prendre parti pour Moulay-el-Hafid, plutôt que pour Abd-el-Aziz ; s'il n'eût pas mieux valu laisser les deux sultans vider leur querelle et accorder ensuite notre appui au vainqueur ; s'il fallait agir par l'Atlantique, comme le pensaient les diplomates, ou par la frontière oranaise, comme le voulaient les militaires, ou par les deux faces à la fois, de façon à étreindre le Maroc entre l'Atlantique et la frontière orientale, comme firent le maréchal Bugeaud et le prince de Joinville à Isly et à Mogador.

Toutes ces questions sont oiseuses puisqu'elles sont résolues ; on peut même dire qu'elles se sont résolues d'elles-mêmes, car, en cette aventure marocaine — et c'est la moindre critique que l'on en puisse faire — ce sont les événements qui nous ont conduits, ainsi qu'il advient toujours quand on ne les dirige pas.

Enfin, quitte à causer quelques déceptions, nous ne répondrons pas à la question qui est sur toutes les lèvres: « Comment tout cela finira-t-il ? » Pour y répondre, il faudrait être prophète — peut-être, hélas! Cassandre. Les Berbères ont un dicton qui résume toutes les possibilités à venir: « Qui sème la guerre récolte le plomb ; qui sème la paix récolte la prospérité. »

Souhaitons que le temps vienne bientôt des pacifiques semailles; laissons diplomates et militaires accomplir leur tâche ; envoyons aux uns nos vœux pour la prompte et heureuse issue de leurs négociations, aux autres l'hommage de notre admiration pour leur vaillance, de notre gratitude pour l'héroïque fleuron qu'ils ajoutent à notre gloire, et cherchons dès maintenant comment nous pourrons civiliser notre voisin barbare, lui apprendre la tolérance, lui donner, lui imposer même la sécurité, la prospérité, et, pour parler par métaphore, à la façon des Berbères, comment nous pourrions faire fleurir la paix sur cette terre de poudre.

***

Pour conquérir un pays, il n'est besoin que d'être fort; pour le pacifier, le réorganiser, il faut avant tout posséder une connaissance approfondie de la nature du sol de l'histoire du pays, de l'esprit et des mœurs des habitants.

Notre intervention au Maroc fournit un exemple de la vérité de cet axiome. En effet, nous avons complètement méconnu le Maroc; nous avons accepté, jusqu'à ce jour, la fiction, répandue par les sultans eux-mêmes, qui représente l'Empire Chérifien comme un vaste État théocratique doué d'une certaine unité politique et d'une admirable cohésion religieuse. Partant de cette conception, nous avons naturellement conclu que le meilleur moyen, le plus sûr, le plus économique le plus discret, de hâter l'évolution du Maroc était d'obtenir la collaboration de ce sultan, chef spirituel incontesté, chef temporel momentanément affaibli, mais dont la restauration nous semblait facile.

La réalité est tout autre : le Maroc n'est pas un empire au sens que nous attribuons à ce mot, c'est une juxtaposition, une mosaïque de tribus berbères essentiellement démocratiques pour qui l'indépendance paraît avoir toujours été une condition vitale.

Telles nous les voyons aujourd'hui, insoumises, batailleuses, réfractaires à toutes lois, telles elles étaient déjà avant la venue des Arabes. Aux temps préislamiques les Berbères étaient idolâtres, juifs ou chrétiens; leur foi religieuse était assez superficielle, faite surtout de crédulité et d'amour du merveilleux : ils étaient enclins à croire aux sorciers, à admirer les thaumaturges, à suivre les prophètes. Leur organisation sociale était rudimentaire. Les seuls groupements qui fussent vraiment stables étaient la famille et, au-dessus d'elle, le clan formé par l'association de quelques familles, unies par une communauté d'intérêts.

Ces clans portaient le nom de *kbila* que nous traduisons par kabyles ou tribus. Ils étaient administrés par le conseil des notables, l'*anfaliz*, assemblée chargée de la gestion des affaires communes qui élisait aussi l'*amrar*, chef temporaire que des *mezrag* secondaient dans l'exécution du pouvoir. Ce régime démocratique se retrouve encore de nos jours partout où les Berbères sont indépendants. Dans le sud, on donne à ce régime le nom de *Aït-Arbaïn* — gens aux 40 chefs — que nos interprètes traduisent assez justement par le mot de républicains. Telle est l'organisation sociale traditionnelle des Berbères.

Deux invasions arabes passèrent comme des cyclones sur cette société berbère, ravageant tout sur leur passage, imposant aux vaincus leur foi et leur lois. La première se produisit au lendemain de l'hégire; elle avait pour chef ce légendaire Okba Ibn Nafé, grand apôtre et massacreur effroyable, qui, après avoir traversé victorieusement l'Egypte, les déserts libyques et tout le nord africain, poussait son cheval dans les vagues de l'Atlantique en prenant Dieu à témoin qu'il avait atteint les bornes du monde et tenu son serment de ne laisser derrière lui que des cadavres ou des croyants.

La deuxième invasion, formidable par le nombre, se produisit au XIIe siècle. On l'appelle l'exode italienne ; elle inonda l'Afrique du Nord de 400.000 Arabes, hommes, femmes et enfants. Les Berbères du Maroc, ceux des plaines atlantiques surtout, vaincus et submergés, durent adopter la religion, la langue et l'organisation sociale aristocratique et théocratique des Arabes, leurs fonctionnaires, leurs caïds gouverneurs des provinces, leurs bachas gouverneurs des villes, leur maghzen, leurs vizirs, leur sultan chérif suprême, pontife et roi.

Mais les instincts d'une race ne s'abolissent et ne se transforment pas plus que ceux des individus : ils cèdent à la force, se ploient aux nécessités, mais survivent, même inconscients, et se réveillent dès que les circonstances sont propices à leur épanouissement. Ainsi, l'instinct démocratique des Berbères, comprimé par l'autocratie arabe, n'a jamais manqué une occasion de secouer cette contrainte. Et telle est, je crois, l'explication de cette perpétuelle anarchie marocaine, de ces révoltes constantes des tribus contre les sultans, de ces égorgements de caïds auxquels l'histoire nous fait assister depuis des siècles.

Tout cela n'est que la lutte de deux instincts sociaux contradictoires, celui de l'opprimé contre celui de l'oppresseur, des Berbères démocrates contre l'autocratie arabe. Il est naturel que cette lutte s'aggrave et que les Arabes y soient vaincus ; car, avec le temps, les Berbères autochtones, sédentaires, plus nombreux, mieux adaptés à leur sol, mieux enracinés, absorbent et éliminent l'élément hétérogène importé chez eux par des nomades plus soucieux d'apostolat que de colonisation, et qui semblent, dans cette migration, avoir perdu toutes les qualités de leur race.

Le zèle apostolique des Arabes a même été déçu : leur religion a été singulièrement déformée ; les Berbères, convertis par force, ont adapté l'islamisme, si rigide pourtant, si intransigeant, à leur mentalité, à leurs aspirations. Ils ont adouci l'aridité du monothéisme musulman en associant dans leur culte au Dieu unique de Mahomet tout un peuple de saints morts ou vifs, chérifs ou marabouts, dont les zaouïa, les chapelles s'élèvent partout, se frisent une âpre concurrence, et morcelant l'unité religieuse en une profusion de confréries dissidentes et ennemies. Ce culte des saints, véritable anthropolatrie, est un grave péril pour l'Islam marocain. Elle le rend incapable de cohésion même, pour la Guerre Sainte : les événements récents viennent de nous le prouver. C'est donc une force dissolvante qui tend à désagréger le domaine spirituel des sultans, comme le particularisme démocratique tend à dissocier leur domaine temporel.

Cette faillite de la domination arabe, son double échec politique et religieux, nous fournissent un précieux enseignement, à nous qui prétendons aider à l'évolution du Maroc. Et d'abord, il est à retenir que nous avons affaire au Maroc, à un pays amorphe, insaisissable et, dans sa forme actuelle, tout à fait ingouvernable, puisque sa population est désagrégée en une poussière humaine. Notre essai d'organisation sociale devra tenir compte des instincts et des traditions de la race ; il faudra d'abord accorder aux Berbères ces libertés communales auxquelles ils sont si passionnément attachés et la libre association en tribus gouvernées par un chef de leur choix, sur qui le pouvoir central n'exercera, au début du moins, qu'une suzeraineté très discrète. On constituera de la sorte une organisation du Maroc en grandes tribus, en provinces, analogue à celle que nous avons rencontrée dans le Rif chez les Barabers de l'est, chez les Chleuh du sud, partout enfin où les Berbères vivent indépendants.

Cette organisation évoluera tout naturellement. De nombreux exemples nous prouvent, en effet, qu'un caïd élu chef d'une tribu, s'il est habile, devient puissant ; s'il est puissant, sait faire prolonger son mandat et parvient même à léguer son autorité à ses enfants, à rendre son pouvoir héréditaire. Or, une organisation en grande tribus, en provinces, gouvernées par des chefs héréditaires, vassaux même virtuellement du pouvoir central, qu'est-ce autre chose que le régime féodal ? Et la féodalité nous paraît être l'échelon immédiatement supérieur à la désagrégation actuelle ; elle sera la première étape de l'évolution sociale vers l'autonomie, vers l'ordre, vers la prospérité.

**

Mais, Messieurs, je devine l'objection qui vous vient à l'esprit, à m'entendre ainsi pétrir et manier la carte politique du Maroc. Vous vous dites que ce sont là de pures hypothèses, des utopies, que les Marocains sont réfractaires à toute action extérieure. Eh bien, non ! le Maroc musulman est parfaitement capable de subir, non seulement une influence, mais même une domination étrangère : l'histoire est là qui le prouve, et vous me permettrez de vous résumer rapidement l'histoire de la domination portugaise, qui nous propose une leçon incomparable et trop peu connue.

Les Portugais débarquent au Maroc en 1415, devant le port de Ceuta. Les fils du roi Jean Ier ont obtenu de leur père le droit de faire une croisade ; leur mère, en mourant, en avait formulé le vœu. Le 15 avril 1415, donc, ils débarquent à Ceuta avec 6.000 fantassins et 2.500 cavaliers, et s'emparent de la ville, repoussant les troupes du sultan Abou-Sahid, et y laissent l'infant don Henri, qui y est immédiatement assiégé.

Dix-huit années se passent en luttes défensives, qui prouvent aux Portugais qu'il n'y a pas de repos possible dans la défensive, qu'ils n'auront de trêve qu'en sortant de leurs remparts, et, dès 1433, l'infant don Henri et son frère don Fernand organisent une expédition composée de 14.000 hommes, qui doit donner de l'air à Ceuta et s'emparer de Tanger. Mais toutes les tribus montagnardes accou-

rent ; les infants, attaqués par 10.000 cavaliers et 80.000
fantassins, sont écrasés ; don Fernand est fait prisonnier ;
les Marocains exigent, pour sa rançon, que Ceuta leur soit
rendue. Son frère souscrit à cette clause humiliante ; mais
les Cortès refusent leur sanction, et don Fernand, le pro-
pre fils du roi, meurt en captivité, martyr de la fierté
nationale.

Vingt-deux ans après, en 1458, une nouvelle expédition,
plus importante encore, composée de 180 voiles et de
17.000 hommes s'empare de Qçar-es-Sghir, mais elle
échoue dans une opération contre les montagnards.

Dix ans plus tard, en 1468, nouvelle Armada de 50 voiles et 10.000 hommes qui, cette fois, prend une route
nouvelle, double le cap Spartel, descend le long du
rivage Atlantique, prend et rase la ville de Anfa et fonde
Casablanca.

Trois ans plus tard, en 1471, nouvel effort, considérable
cette fois : 308 voiles et 30.000 hommes commandés par
le roi Alphonse V lui-même, surnommé l'Africain, prennent la ville de Arzila, pendant que le fils du duc de Bra-
gance s'empare de Tanger. Au cours de cette terrible campagne, 2.000 Maures furent passés au fil de l'épée et 5.000
réduits en esclavage.

C'est vers ce temps-là, en 1481, sous le règne d'Emmanuel
le Magnifique, que les Espagnols mettent pour la première fois le pied sur le sol marocain et prennent Mélila.

La domination portugaise est alors à son apogée. La
lutte continue avec des alternatives de revers et de succès. Les Portugais fondent Mazagan, dont les massifs
remparts content encore la splendeur ; ils construisent
d'importantes forteresses, qui deviendront Mogador,
Agadir, Aglou et Tet près du cap Blanc.

Vous le voyez, Messieurs, les Portugais ont fait des efforts
militaires énormes ; ils ont bâti d'admirables points d'appui pour soutenir leur action à l'intérieur du pays ; mais
ce n'est pas là leur plus grand mérite : le secret de leurs
succès est qu'ils ont pratiqué, avec une maîtrise incom-

parable, la politique d'expansion indigène que nous appelons la politique de la tache d'huile, organisant au fur et à mesure qu'ils les conquéraient les tribus de Doukkala, de Haha, du Sous, celles du Houz de Merrakech, et s'en faisant de précieux auxiliaires. Diégo de Torrès, l'historien de cette épopée, nous conte que les Portugais pouvaient lever dans les tribus alliées 16.000 cavaliers et 20.000 fantassins, et qu'ils frappaient des impositions de guerre jusqu'à Tazarot, à 8 lieues de Merrakech. Ils avaient, dans tout le Gharb, de grandes et prospères exploitations et de beaux élevages ; leurs commerçants possédaient des maisons dans le Sous, dans le Rif, et jusque dans le Tafilet.

C'est en 1495 qu'eurent lieu les conférences de Tordésillas, qui délimitaient les zones d'influence de l'Espagne et du Portugal et fixaient le Peñon de Vélès comme point terminus de la frontière commune. Le royaume de Tlemcem était attribué à l'Espagne, celui de Fez au Portugal.

Il est intéressant de remarquer combien sont différentes les méthodes employées par ces deux nations colonisatrices. L'une jette sur la côte ses presidios comme l'avant-garde de sa future conquête, mais elle s'y enferme et, depuis cinq siècles, y monte une inutile et coûteuse faction. L'autre, à peine débarquée, sort dans la campagne, pratique une politique indigène active, se constitue une clientèle et conquiert en un demi-siècle plus d'un quart du Maroc.

Nous sommes au temps où Camoëns, qui avait perdu un œil dans une sortie contre les Rifains, tenait garnison à Ceuta, dont il chantait la prospérité. Il rimait alors les Lusiades, sans se douter que son héros Vasco de Gama allait ruiner la domination portugaise au Maroc en découvrant la route des Indes. Et, en effet, avec Vasco de Gama et Albuquerque l'activité portugaise, son incomparable force d'expansion sont déviées vers les grandes Indes, vers leurs richesses fabuleuses. Une à une toutes les forteresses marocaines sont perdues et évacuées. En 1515, il ne reste plus aux Portugais que Mazagan et Arzila, dont les garnisons sont bloquées par un siège perpétuel. Et enfin nous arrivons à la désastreuse année 1578, où se déroule le dernier acte de l'épopée portugaise.

Le roi Sébastien est passé en Afrique, jaloux de venger l'honneur de ses armes. Deux sultans se disputent le trône, l'un, Abd el Malek, a appelé les Turcs à son secours ; l'autre, Sidi Mohamed, a demandé l'appui des Portugais. L'armée portugaise compte environ 20.000 hommes de belles troupes, à la tête desquels marche le roi, ayant autour de lui la fleur de sa noblesse. La rencontre eut lieu à mi-route entre Tanger et Qçar el Kebir, au bord de l'Oued Meghazen. Ce fut une effroyable bataille ; les trois souverains y périrent ; aucun Portugais n'en revint; ceux qui ne furent pas massacrés sur place furent traînés en esclavage dans l'intérieur du pays, et employés aux plus durs travaux.

Telle est, Messieurs, la leçon que l'histoire propose à nos méditations. Sans pousser le parallèle à l'excès, nous pouvons comparer ces situations à la nôtre et en tirer quelques précieux enseignements. Nous y apprendrons d'abord que toute action extérieure, tout essai d'organisation exigent des efforts considérables et persistants; ensuite que ces efforts doivent être accompagnés d'une active politique indigène, et de cette politique, je vois l'amorce possible dans ces polices des ports que nous avons reçu mission d'installer et qui, entre les mains habiles de nos officiers d'affaires indigènes, rompus aux méthodes africaines, pourront devenir des noyaux de cristallisation, des points de départ pour notre organisation pacificatrice. Enfin, nous y voyons qu'il est dangereux de mettre le doigt dans l'engrenage marocain, de prendre parti dans les querelles dynastiques du pays. On ne peut que regretter que la cruelle expérience des Portugais ne nous en ait pas avertis...

Je me hâte Messieurs, d'aller au devant des injustes défiances dont quelques-uns nous poursuivent en affirmant que nous concevons cette action comme purement répressive et temporaire, que cette pénétration dont j'ai parlé n'a pour but que de rétablir l'ordre et la sécurité pour le plus grand profit de tous. Je reconnais n'avoir pas toujours limité aussi sobrement mes aspirations; il me semblait juste qu'il fût dévolu à tout grand peuple une zone d'expansion qu'il pût submerger et délaisser avec des alternances de flux et de reflux suivant que la prospérité le faisait déborder ou que la mauvaise fortune l'obligeait à se recueillir.

Cette zone d'expansion, l'Afrique du Nord nous l'offrait. Elle eût ouvert un magnifique champ d'action à la France prospère, si nous avions su faire valoir en temps opportun nos droits naturels et les titres de propriété que nous avions si glorieusement acquis.

L'heure propice est passée; il faut borner nos rêves. L'œuvre qu'il nous reste à accomplir est encore très belle et fort utile; il faut faire du Maroc rénové par nos soins notre ami et notre client : il faut surtout que l'on ne puisse jamais le tourner contre la France.

[*]

Nous avons abordé le problème de la réorganisation du Maroc par sa face extérieure, en cherchant quelle action nous pourrions exercer sur les tribus du littoral et de la frontière avec qui les événements nous ont mis aux prises. Ce n'est là qu'un côté du problème et un côté fort imprévu, car vous savez qu'il ne fut nullement question, dans le début, d'entrer directement en contact avec les tribus marocaines.

La méthode officiellement adoptée consistait à collaborer avec le sultan, à coopérer avec le maghzen.

Je ne ferai pas l'historique du soulèvement du Roghi, de l'insurection de Moulay el Hafid, pas plus que je ne formulerai d'opinion — je vous l'ai déjà dit — sur l'issue de cette affaire. Néanmoins, tout a une fin, même l'anarchie marocaine, et nous sommes en droit de prévoir le moment où le Maroc apaisé reprendra son existence normale sous le règne d'un sultan unique. Il faut que ce sultan, quel qu'il soit, soit notre allié, qu'il accepte nos conseils, que nous lui donnions notre appui. Si nous avions quelque doute sur la nécessité de cette emprise, il nous suffirait de lire ce que pense la *Deutsch Marocco Correspondenz* du rôle que le Maroc peut jouer contre nous : « *Il est, dit-elle, de l'intérêt allemand de conserver le Maroc comme un état méditerranéen indépendant et aussi fort que possible ; car le Maroc indépendant serait, en cas de guerre, notre allié naturel contre la France et non seulement tiendrait en échec les forces algériennes, mais peut-être forcerait l'armée continentale française à se laisser détourner en partie contre l'Afrique.* »

Donc, Messieurs, il faut à tout prix que le sultan, quel qu'il soit, devienne notre allié. Nous aurons tout de suite une occasion de l'obliger, car les débuts de son règne, au lendemain de la présente anarchie, seront certainement critiques. Le Maroc n'a plus ni finances, ni armée ; le trésor est vide et les impôts ne rentrent que par la force. Le sultan est enfermé dans ce dilemme dont il ne sortira pas seul : pas d'armée, pas d'impôts ; pas d'impôts, plus d'armée. Nous aurons donc immédiatement l'occasion d'intervenir. On a parlé maintes fois d'un grand emprunt de liquidation, se montant à 150 millions environ, qui permettrait au sultan de rembourser ses dettes antérieures, et de remettre en route le char embourbé de l'Etat marocain. Je ne discuterai pas ces chiffres ; mais ne pensez-vous pas qu'il eût mieux valu faire immédiatement les sacrifices nécessaires que d'agir par apports et par efforts successifs, suivant la détestable méthode des petits paquets, dont nous voyons aujourd'hui le fruit ? D'ailleurs, si nous ne faisions pas nous-mêmes cet effort, le sultan trouverait certainement quelque autre prêteur, et, ce jour-là, notre prépondérance dans le nord de l'Afrique serait bien gravement atteinte. Il est évident que nous devrons contrôler l'emploi de cet argent, non pas seulement en exigeant, comme cela se fait maintenant, que les fonds avancés soient mandatés par le chef de la mission française, mais en déterminant d'une façon précise l'emploi qui doit en être fait.

De ces emplois, le plus urgent est la réorganisation de l'armée marocaine. Vous savez, Messieurs, que l'armée marocaine se recrute suivant des règles assez raisonnables, mais dont l'application est déplorable. Ses contingents qui pourraient être excellents, sont pitoyables. Depuis 1877, les sultans entretiennent une mission militaire française, composée de plusieurs officiers et sous-officiers chargés de l'instruction des troupes; mais, pour des raisons faciles à comprendre, par défiance, par jalousie, notre mission n'a jamais été mise à même de remplir ses fonctions. On a confié concurremment l'instruction de divers contingents à des missions allemandes, anglaises, italiennes, aussi dispendieuses qu'inutiles; je vous le prouverais en vous disant que le très décoratif caïd Mac Lean coûte au sultan 100.000 pesetas par an : le maghzen lui fournit et entretient 30 serviteurs et 40 chevaux ou mulets. Le docteur Verdon, de la mission anglaise, touche 50.000 pesetas. La mission militaire française tout entière ne reçoit que 60.000 francs.

Un ingénieur allemand; M. Rottembourg, a construit, à Rabat, une batterie de côte qui a coûté, dit-on, 10 millions, et qui n'a jamais tiré un coup de canon, pour la grave raison que, bâtie sur le sable du rivage, elle s'effondrerait au premier coup de ses grosses pièces Armstrong.

Une mission italienne, commandée par le colonel Ferrara, fabrique à Fez des armes qui reviennent à six ou huit fois leur prix réel. Et de tout le reste ainsi... Mais le plus grave, ce sont les prévarications et les concussions des fonctionnaires marocains. Du grand vizir au dernier caïd mia, tout le monde vole, et cela presque nécessairement.

Les charges s'achètent et ne sont pas rétribuées. Il faut

que le titulaire se rembourse avant de payer ses subordonnés ; en sorte que la solde qui sort des caisses chérifiennes ne parvient jamais jusqu'aux soldats, qui en sont réduits pour vivre à vendre leurs cartouches, leurs armes, leurs vêtements ; à mendier d'abord et à piller ensuite. Je ne vais pas plus loin dans l'énumération des réformes militaires possibles ; mais il est évident que, sans dépenser davantage, et même probablement avec des économies notables, le sultan pourrait avoir une véritable armée. Il suffirait qu'il le voulût et que nous l'aidions.

Ce n'est pas tout d'avoir une armée ; il faut que les emplacements qu'elle occupe soient judicieusement déterminés. Vous connaissez la constitution dualiste de l'Empire Chérifien ; vous savez qu'il est formé, comme disaient les anciens géographes, de deux royaumes, celui de Fez et celui de Merrakech, coupé en deux par un éperon montagneux peuplés de tribus indépendantes. Cette constitution rend le Maroc ingouvernable, et fait du métier de sultan un labeur de Sisyphe. S'il vient à Fez, le sud se soulève ; s'il va à Merrakech, c'est le nord qui se révolte, et les malheureux souverains passent leur vie à courir du nord au sud de leur empire bicéphale ; ils doivent avoir, selon le dicton, « pour palais leur tente, pour trône la selle de leur cheval », et c'est une pitoyable existence et une détestable posture. Il me semble que le sultan qui voudra régner vraiment doive construire sa capitale au centre de gravité géographique et politique de son empire, quelque part vers la Kasba Zidania, dans la riche vallée du fleuve Oum er Rebca, à quatre étapes de Fez, à quatre étapes de Merrakech, au milieu de la région la plus insoumise du Maroc. Les redoutables tribus des Zemmour des Zaïan, des Beni Mguild, et du Tadla, qui l'habitent ont été vaincues par Moulay el Hassen, le père du sultan actuel. S'il eût profité de sa victoire pour se fixer en ce point et y ériger sa capitale, le Maroc actuel serait soumis. Il faudra naturellement jalonner, par de solides kasbas, les grandes routes de Fez et de Merrakech, et surtout surveiller les marchés. Car les marchés, vous le savez, Messieurs, sont les organes vitaux de l'existence marocaine. Chaque région a les siens; ils sont répartis de telle façon qu'on puisse les fréquenter facilement et en trouver, chaque jour de la semaine, un quelconque à sa portée. Ils portent d'ailleurs les noms des jours, le lundi des Chaouia, le mardi des Zénaga, etc. Ils se tiennent la plupart du temps en rase campagne, loin des lieux habités de façon à ne pas être troublés par les querelles locales.

La carte des marchés marocains figure un réseau de circulation économique, indispensable à connaitre. Il n'est pas besoin, en effet, pour atteindre une tribu montagnarde, de la poursuivre jusque dans ses montagnes; il suffit de lui interdire l'accès des marchés pour l'affamer et la contraindre à se soumettre. Ce procédé est couramment employé par les fonctionnaires marocains, et ce n'est pas sans beaucoup de raison qu'on a pu préconiser, comme le moyen le plus économique de soumettre le Maroc, l'idée d'arrêter sa vie économique en bloquant ses ports et en agissant énergiquement par l'Algérie.

**

*_**

Nous avons dit tout à l'heure, en énumérant les possibilités que nous offrait la situation du Maroc, que la désorganisation religieuse, la désagrégation de l'Islam en confréries concurrentes et ennemies facilitaient notre tâche. Tout le monde sait, en effet, que nous entretenons des relations très suivies avec plusieurs de ces confréries : les Taïbiin, les Kadria, les Derkaoua, les Aïssaoua, et d'autres encore, qui ont des succursales et une clientèle en Algérie et en Tunisie. Rien n'est plus logique et plus juste que de favoriser les unes au détriment des autres ; que d'enrichir celles qui nous sont favorables en autorisant leur moqaddems à faire, dans notre domaine africain, de fructueuses tournées de quêtes ; que de discréditer et de ruiner celles qui nous sont hostiles.

Et, plus tard, en même temps que nous nous efforcerons de réaliser l'unification politique du pays, nous travaillerons à ramener le Maroc à l'orthodoxie, à l'unité religieuse. Nous tâcherons que le clergé officiel reprenne la direction spirituelle, et qu'il évolue, comme le clergé musulman d'Algérie, vers la tolérance et vers le progrès.

***

Pour bien vous faire comprendre que ces possibilités ne sont pas seulement théoriques, mais que la réalisation de ces idées est pratique, je terminerai en vous citant deux exemples : l'un d'action politique et économique, l'autre d'intervention religieuse.

Le sud marocain, vous le savez, est une région complètement isolée; la chaîne de l'Atlas la sépare du reste du Maroc; l'Océan et le désert l'enveloppent sur les trois autres faces.

L'autorité des sultans ne s'exerce sur cette région que d'une façon fort précaire. Ils ont toujours craint de voir ce pays s'émanciper et nouer avec les puissances étrangères des relations directes. Moulay el Hassen, père du sultan actuel, a interdit les ports de l'Atlantique à tout commerce extérieur. Or, en ce moment, l'insécurité qui règne dans tout le pays a presque entièrement fermé les cols de l'Atlas par où tout le commerce du sud afflue vers Mogador et vers Merrakech. Les grands caïds, maîtres de ces défilés, prélèvent des droits qui sont presque prohibitifs, et qui arrivent à majorer les produits de 60 %. Pour sortir de cette situation intolérable, les habitants du Sous, de l'Oued Noun, du Tazeroualt riverains de l'Atlantique, se tournent, depuis plusieurs années, vers les commerçants étrangers établis à Mogador; ils s'adressent à tous les voyageurs qui traversent leur pays, et les supplient de nouer avec eux des relations commerciales directes. Déjà, de nombreuses goélettes font, au mépris des décrets du Sultan, la navette entre le Sous et les Canaries, et nul doute que ce commerce ne s'étende et se régularise. Il me semble qu'il est de notre rôle de favoriser ce désir d'expansion, de servir d'intermédiaire entre les gens du sud et le Sultan. L'ouverture du Sous serait, pour le gouvernement du Maghzen, une œuvre habile, autant au point de vue politique qu'au point de vue économique, d'abord parce que la gratitude des gens du Sud ne peut que développer leur loyalisme, ensuite parce que le budget marocain sera le premier à profiter de cet accroissement de richesse du sud de l'empire. On installera dans les ports d'Agadir, de Massa, d'Aglou, d'Assaka, du cap Juby, des oumana des douanes, qui prélèveront des droits sur ce commerce. Une compagnie de cabotage desservirait tous ces ports. Les pêcheries établies dans la baie du Levrier ne demanderaient sans doute qu'à étendre leur aire de pêche sur ce littoral merveilleusement poissonneux. Les gisements miniers dont l'Atlas et l'Anti-Atlas sont si richement pourvus fourniraient un prétexte tout naturel aux relations avec l'intérieur. Le Sultan établirait à Taroudant, capitale et centre géographique du Sous, le khalifat dont la présence est désormais inutile à Marrakech, avec mission de grouper cette population si morcelée. Et quel meilleur moyen de gouvernement que cette mise en valeur, que ce développement de la richesse, du commerce et des communications ? Si je vous signale, Messieurs, l'intérêt de cette entreprise, dans cette région choisie parmi tant d'autres, c'est que de nombreuses convoitises guettent ce pays. Vous n'ignorez pas que les intérêts allemands sont localisés dans le sud, entre Mogador, Safi, Merrakech. Or on prétend que le précieux concours apporté par les Allemands à la cause de Moulay el Hafid pourrait bien recevoir pour compensation quelque grande concession dans le Sous. Cette hypothèse fournirait à l'Allemagne — et ce sont les paroles mêmes des pangermanistes marocanisants — « un point de ravitaillement qui l'affranchirait de Gibraltar, une escale sur la route des colonies allemandes de l'Afrique occidentale et sur la grande route à venir du monde, la route de Panama. •

***

Je pourrais prendre, pour exemple d'une possibilité d'intervention religieuse, les chérifs d'Ouezzan, qui, vous le savez, sont protégés français. J'y serais d'autant plus autorisé que j'ai été maintes fois l'hôte de ces cheurfa, que l'un d'eux même a été, en 1901, le compagnon de mon voyage dans le Moyen Atlas. Mais le moment me semble mal choisi pour parler de nos protégés. Ils pratiquent en ce moment, sans que nous puissions encore en deviner la cause, une politique hafidiste qui contrarie nos projets. Je préfère prendre un exemple dans des régions tout à fait éloignées et inconnues, et pourtant directement intéressantes. Le Tafilet, ce réduit du fanatisme marocain d'où partent toutes les harkas qui assaillent nos postes et nos convois d'Oranie, est enveloppé sur trois faces par la grande tribu des Aït Atta, la plus redoutable des tribus sahariennes. Ces Aït Atta prélèvent une rançon sur les Qçour du Tafilet et coupent, quand il leur plaît, les deux voies commerciales, qui alimentent le Tafilelt : celle de Fez par le col de Telrcount, celle de Merrakech par le Thodra. Quel ne fut pas mon étonnement, en arrivant à Tazarin, d'apprendre que le chef religieux, très vénéré et très écouté, des Aït Atta était mon vieil ami le chérif de Tamesloht Moulay el Hadj, le même qui m'avait demandé, deux mois auparavant, de solliciter pour lui la protection de la France en échange de la protection anglaise dont il bénéficiait depuis quinze ans, m'exprimant en même temps son désir que ses fils fussent élevés au lycée d'Alger. Moulay el Hadj est mort le mois dernier, sans que, dans l'anarchie présente, ses vœux aient pu être réalisés. Il n'en reste pas moins intéressant de savoir que nous disposons contre ce Tafilelt, si difficilement accessible, d'un moyen d'action qui nous permettrait, le cas échéant, de l'isoler, de l'affamer et l'obligerait, sans coup férir, à devenir ,le client de notre chemin de fer oranais.

.*.

J'ai terminé cette rapide esquisse des possibilités marocaines.

Mon souci constant a été de vous montrer ce que l'on peut tenter immédiatement, sans effusion de sang, sans dépense d'argent.

Vous voyez que l'on calomnie les explorateurs en les traitant de conquistadores.

Ce n'est au contraire que par des moyens pacifiques et humains que nous rêvons de voir l'ombre du drapeau de la France s'étendre un jour partout où nous sommes passés...

M. PAUL DESCHANEL. — Ces applaudissements, mon cher Monsieur de Segonzac, vous en disent plus que je ne pourrais vous dire moi-même. Vous avez trouvé le moyen de nous donner, en très peu de temps, un grand nombre d'observations précises et d'enseignements décisifs. Vous avez d'abord touché le fond même du sol marocain, cette démocratie berbère recouverte à deux reprises par l'invasion arabe ; puis, vous avez donné l'enseignement que nous devons retenir en ce moment, à savoir que le seul peuple européen qui ait fait quelque chose de durable au Maroc est le Portugal et qu'il l'a fait par cette méthode qui consistait à faire organiser le service de sûreté, la pro-

' tection des tribus par les tribus elles-mêmes, par leurs chefs avec l'aide d'une nation civilisée.

Eh bien, si demain, comme on le dit, pour des motifs de tout ordre, que je n'ai pas à toucher ici, politiques ou militaires nous devrons peu à peu nous replier sur Casablanca, j'imagine que nous n'allons pas perdre, du jour au lendemain, le fruit de nos efforts ; ce serait une autre manière de manquer à notre devoir et à la civilisation, puisque ce serait abandonner à tous les hasards la vie et les biens des Français et des Européens.

Par conséquent, après avoir peu à peu transformé notre corps d'occupation — un peu comme le font les Espagnols avec les Rifains. qui sont d'excellents soldats à condition qu'on les paie bien — après avoir fait ces premières transformations nécessaires à l'abri de nos troupes, nous devrons nous souvenir de la méthode portugaise, qui consiste à faire organiser la protection des tribus par les tribus elles-mêmes, dans nos cadres et avec notre protection. Nous devons retenir le moyen de ne pas retomber dans les fautes que nous avons commises depuis plus de 60 ans, si nous voulons maintenir ce principe essentiel de la politique française à savoir que nous ne saurions permettre à aucune autre nation européenne de prendre dans l'empire chérifien une position plus forte que la notre.

Je ne suis pas un conquérant, je n'ai jamais été un colonisateur à outrance ; s'il s'agit de porte ouverte, il n'est pas question de fermer la porte ; s'il s'agit de liberté économique, il n'est pas question de l'étouffer ; il n'est pas question de conquête mais, depuis que nous sommes en Algérie, il faut un Maroc tranquille et libre, L'œuvre que la France a accompli là-bas en si peu de temps est une chose admirable, devant laquelle les étrangers eux-mêmes s'inclinent : nous ne pouvons pas ne pas garder pour nos fils l'œuvre de nos pères.

Nous avons des agents d'exécution qui s'appellent d'Amade, Philibert, Bailloud, Liautey, des marins, des soldats admirables.

Ils ont fait leur devoir. Nous, dans la mesure qui convient, sans arrière-pensée de conquête, et en respectant la liberté de tous, nous tâcherons de faire le nôtre.

CAEN — Imprimerie Ch. VALIN, 13, rue Ecuyère

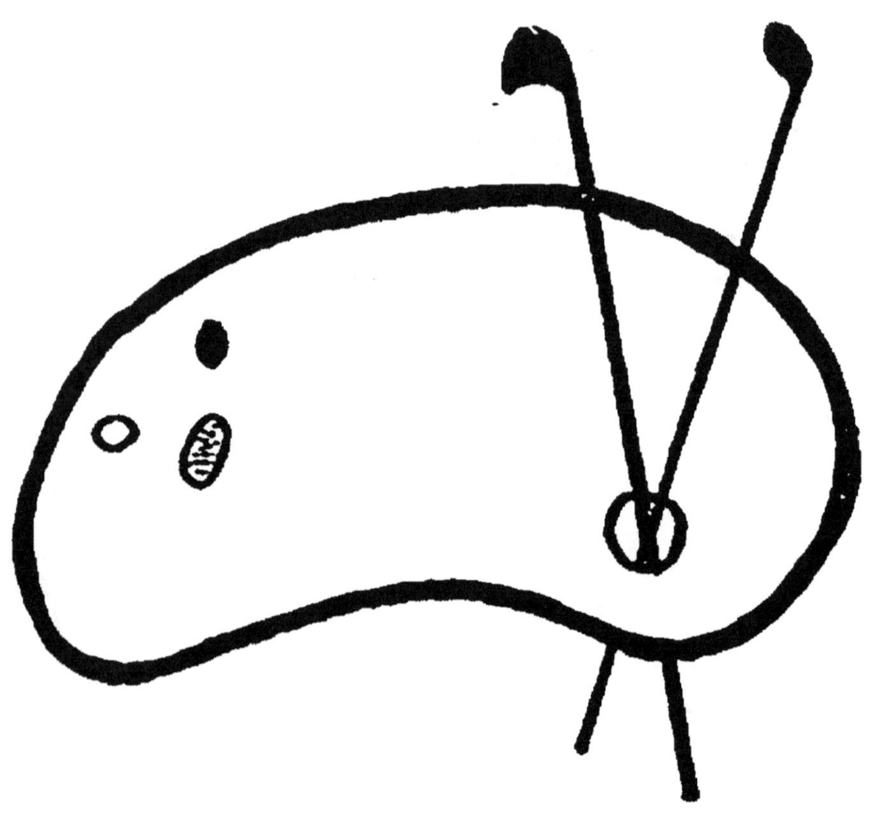

ORIGINAL EN COULEUR

NF Z 43-120-8